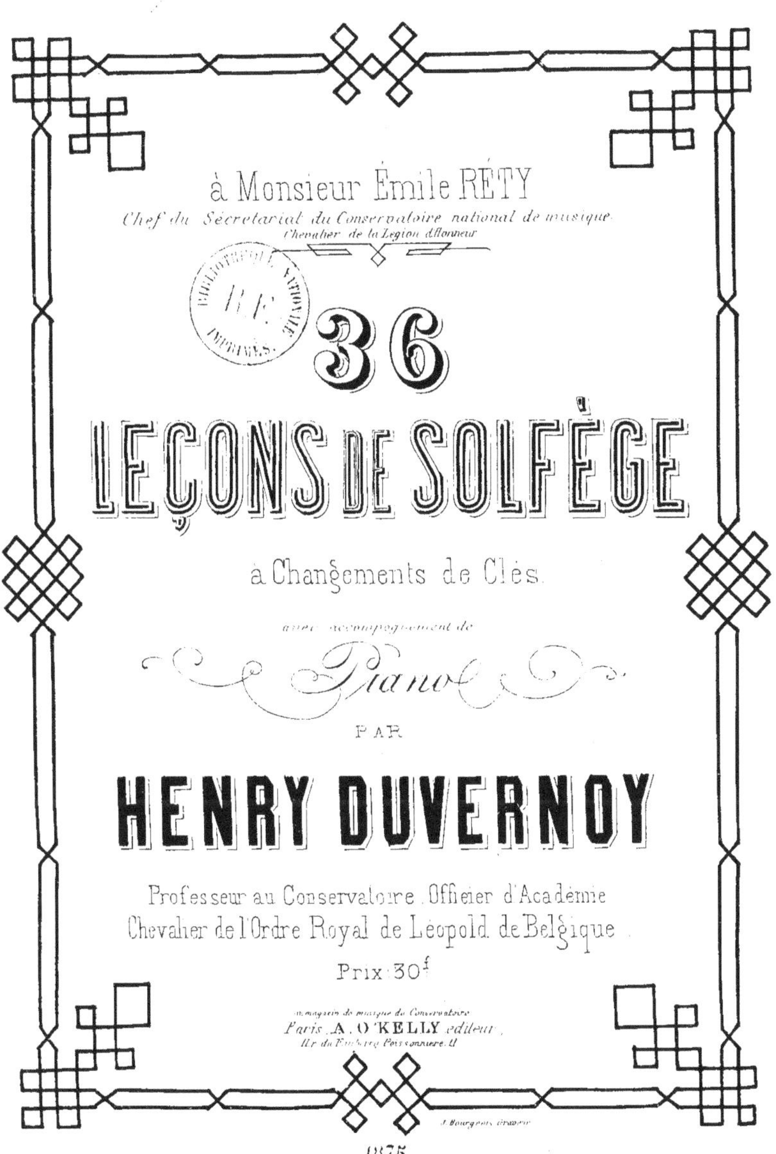
à Monsieur Émile RÉTY
Chef du Sécretariat du Conservatoire national de musique
Chevalier de la Légion d'Honneur
36
LEÇONS DE SOLFÈGE
à Changements de Clés
avec accompagnement de
Piano
PAR
HENRY DUVERNOY
Professeur au Conservatoire. Officier d'Académie
Chevalier de l'Ordre Royal de Léopold de Belgique
Prix: 30f
au magasin de musique du Conservatoire
Paris, A. O'KELLY éditeur,
11 r. du Faubourg Poissonnière, 11
J. Bourgeois Graveur

1875

PRÉFACE.

Le nouvel ouvrage que je livre aujourd'hui à la publicité a pour titre: 36 *Leçons de solfège à changements de Clés.* Il s'adresse aux Élèves qui sont déjà familiarisés avec les difficultés de la Mesure, du Rhythme et de l'Intonation, et qui après avoir travaillé la Clé de Sol 2de ligne dans les 30 Leçons de mon Solfège artistique, et étudié séparément dans les 60 leçons de mon Solfège Mélodique les 6 autres clés en usage pour la transposition et pour l'Accompagnement de la Partition d'orchestre, veulent, par une marche progressive et rationnelle, arriver à lire d'abord 2 clés, puis 3, puis 4, et ainsi de suite, jusqu'à ce que, comme complément de leurs études musicales, ils soient en état d'interpréter couramment, réunies et groupées dans une seule et même leçon, les 7 clés dont il vient d'être parlé plus haut.

Ce recueil ayant été spécialement écrit pour venir en aide à nos jeunes solfégistes, pour stimuler leur zèle et hâter leurs progrès, j'ai multiplié à dessein les leçons sur les 5 clés, (Clés de Sol 2de, Fa 4e, Ut 1re, Ut 3e et Ut 4e) ainsi que celles où se rencontrent les 7 Clés, ces deux combinaisons de leçons constituant le programme imposé pour les examens et les Concours des Élèves Chanteurs et des Élèves Instrumentistes, au sein de notre Conservatoire.

Cet ouvrage fait suite à mon Solfège Mélodique, et sert d'introduction à mes 75 leçons à Changements de Clés.

Dans ce solfège, comme dans ceux qui l'ont précédé, les nuances, la ponctuation, les accentuations multiples, en un mot, tout ce qui constitue la Phraséologie Musicale, est indiqué de la manière la plus précise et la plus complète, afin de former le style des Élèves, et de développer leur goût et leur sentiment musical.

Tour à tour Professeur de la classe de Solfège des Élèves Instrumentistes et de celle des Élèves Chanteurs, j'ai toujours, dans mon Enseignement, insisté tout particulièrement sur ce dernier point, d'une importance capitale, car le solfégiste qui, comme mesure, comme rythme, comme intonation et comme clés, lirait exactement la note, sans se préoccuper, en aucune façon, du style et du goût, indispensables à l'interprétation de tout œuvre d'art, ne serait, à mon avis, qu'un ouvrier musicien, qu'une mécanique à notes perfectionnée par l'étude, mais qui ne posséderait pas assurément les qualités précieuses et indispensables qui constituent et font reconnaître, entre tous, le véritable artiste, dans le sens intelligent de ce mot.

Ce principe admis, je désire donc, que dans les classes vocales ou instrumentales que mes Élèves de solfège suivront, après ou concurremment avec mon Enseignement, qui doit être la solide base sur laquelle repose tout l'édifice musical et qui seul peut en assurer la durée, les Professeurs des classes sus-nommées n'aient plus rien à leur apprendre sur cette matière, et qu'ils aient été initiés antérieurement par moi à cette partie si essentielle et si féconde en heureux résultats; résultats que j'ai été à même d'apprécier à leur juste valeur, pendant ma longue et laborieuse carrière professorale.

Disons encore que la partie de Piano ayant un intérêt égal à celle du chanteur, et dialoguant souvent avec elle, surtout dans le morceau final, ce nouveau recueil sera également profitable aux accompagnateurs, et leur fournira abondamment les éléments d'un travail des plus sérieux.

Ajoutons, pour finir, que formant comme un trait d'union entre les diverses parties de mon œuvre didactique, il comble une lacune que je devais m'efforcer de faire disparaître, et j'ose espérer, qu'à ce point de vue, il rendra à notre Enseignement supérieur du Solfège, si fort apprécié et encouragé par l'éminent Directeur de notre Conservatoire, des services réels dont nos Professeurs et nos Élèves ne tarderont pas à recueillir les excellents fruits; ce dont, pour ma part, je serai le premier à me féliciter et à me réjouir, si, selon mes prévisions, j'ai atteint le but que je m'étais proposé en écrivant cet ouvrage.

Henry DUVERNOY.

36 LEÇONS DE SOLFÈGE

A CHANGEMENTS DE CLÉS.

Par *Henry* **DUVERNOY.**

CINQ LEÇONS SUR 2 CLÉS.

Sol 2de et Fa 4e.

(1) Les deux sons mis en regard et représentant la note SOL, forment un unisson, d'après le diapason Mixte adopté pour les leçons à changements de Clés interprétées, tantôt par des voix d'hommes, tantôt par des voix de femmes ou d'enfants.

sf
portato.
sf
sf
sf
ten.
ten.
FIN.
FIN.

Clés de Sol 2de et Ut 4e

SOL
SOL

Allegro moderato.
N° 2.
p
p

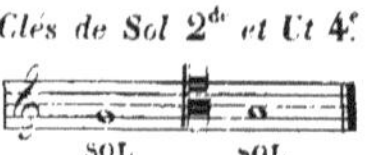

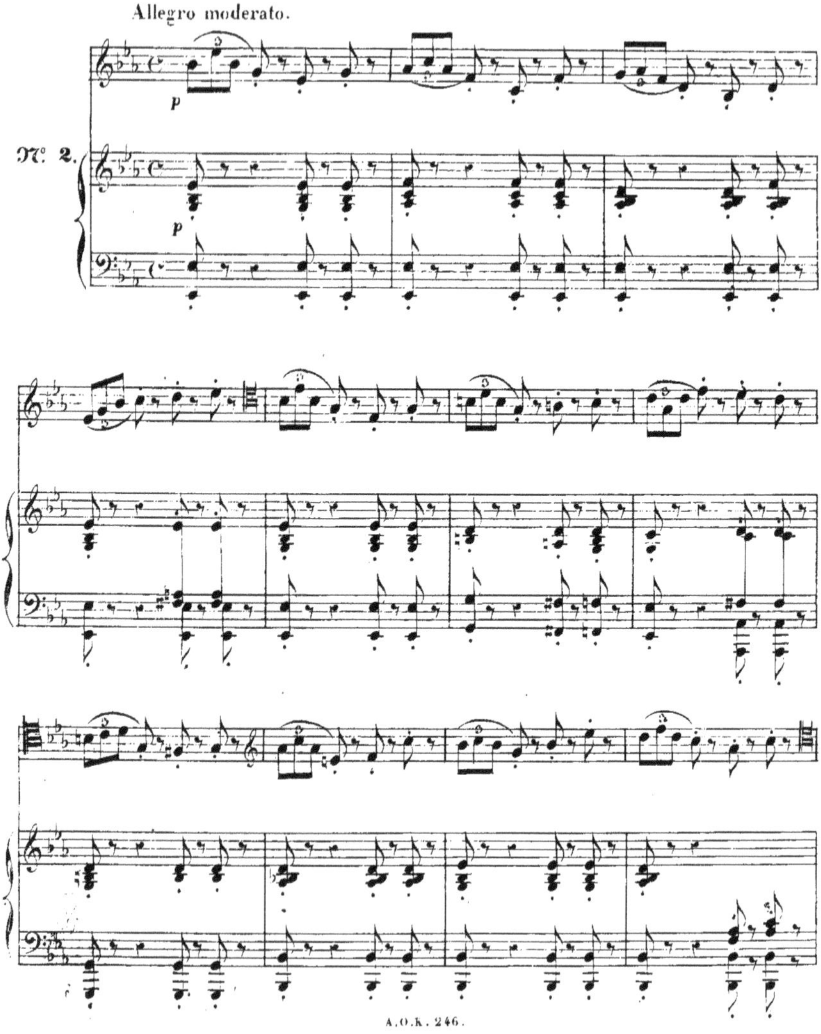

sf
FIN
sf
FIN.

Clés de Sol 2e et Ut 1re

Clés de Sol 2[d] et Ut 3[e].

SOL SOL (1)

(1) La Clé d'Ut 3[e] se chantant, tantôt au diapason normal, tantôt au diapason de la clé de Sol, nous l'avons, dans cet ouvrage, employée successivement, sous ces deux formes.

p con dolcezza.
f
p
cresc.
poco a poco.
f
p
cresc.
poco a poco.
f
p
FIN.
f et sec.
A. O. K. 246.

Clés de Fa 4e et Fa 3e.

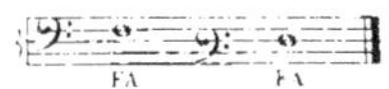

FA
FA

CHANT ÉLÉGIAQUE.

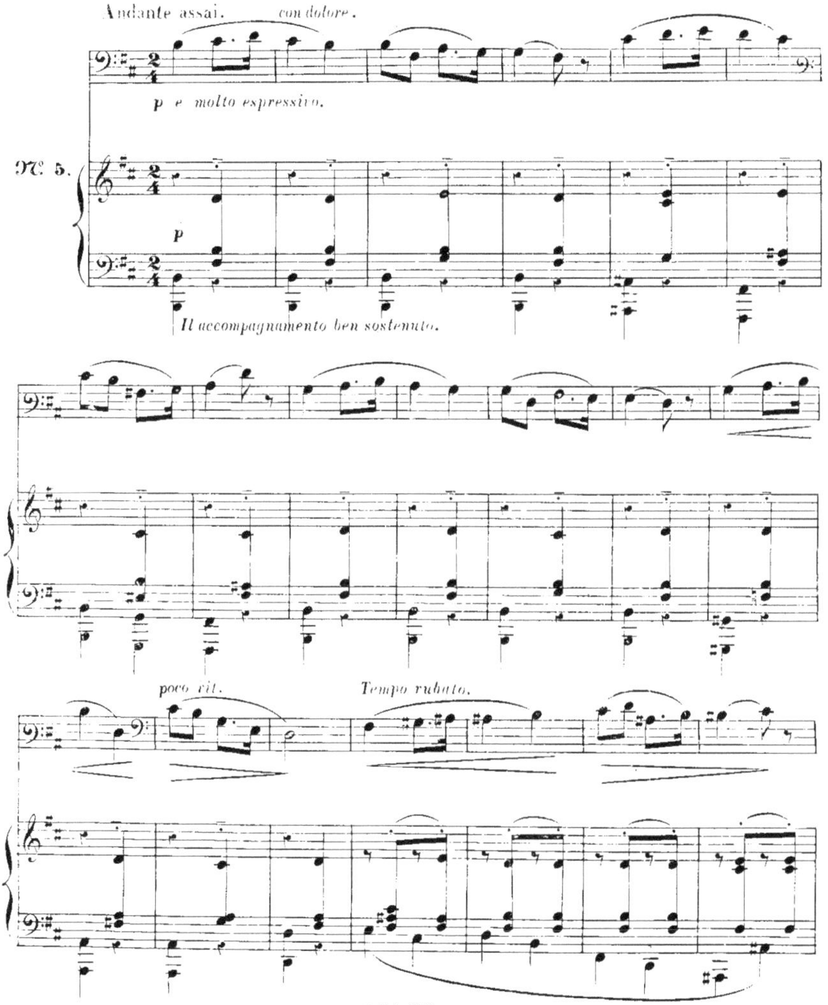
Andante assai.
con dolore.
p e molto espressivo.
No 5.
p
Il accompagnamento ben sostenuto.
poco rit.
Tempo rubato.

Fin des leçons sur 2 Clés

LEÇON SUR 3 CLÉS.

Clés de Sol 2e, Fa 4e et Ut 4e.

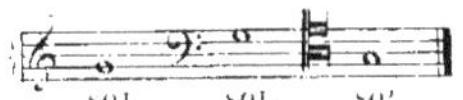

SOL
SOL
SOL

Allegretto.

p e con eleganza.
Nº 6.
p e tutto leggiero.
p

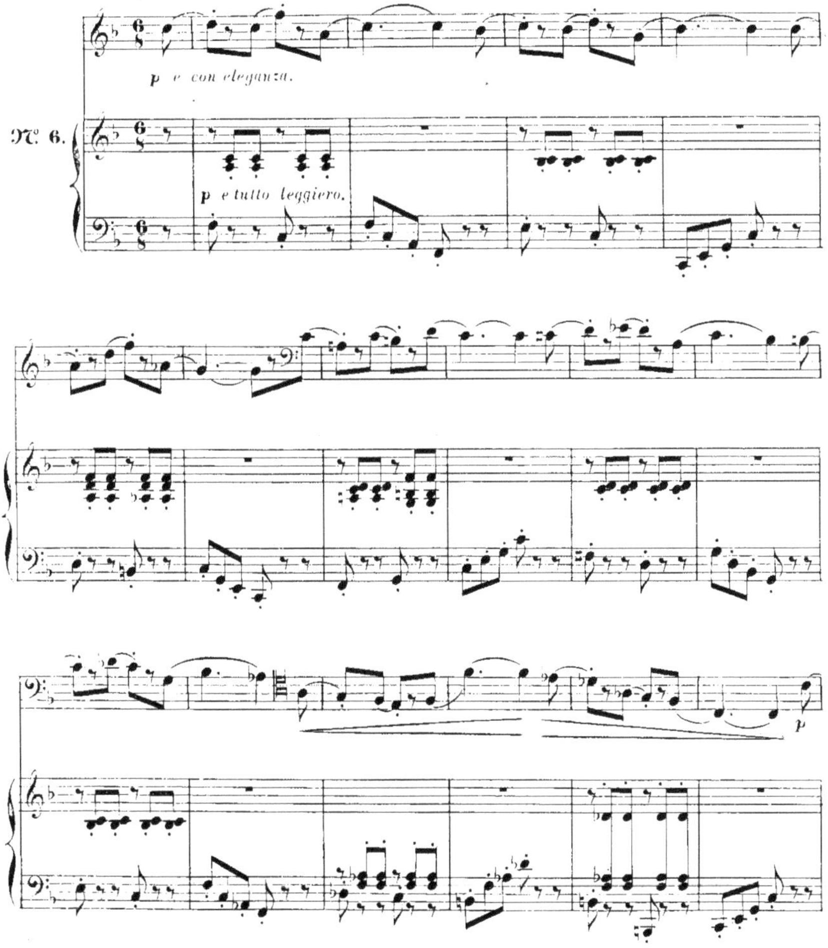

p
p
p
p
ten.
mf
p
mf
p
FIN.
mf
p
mf
p
FIN.

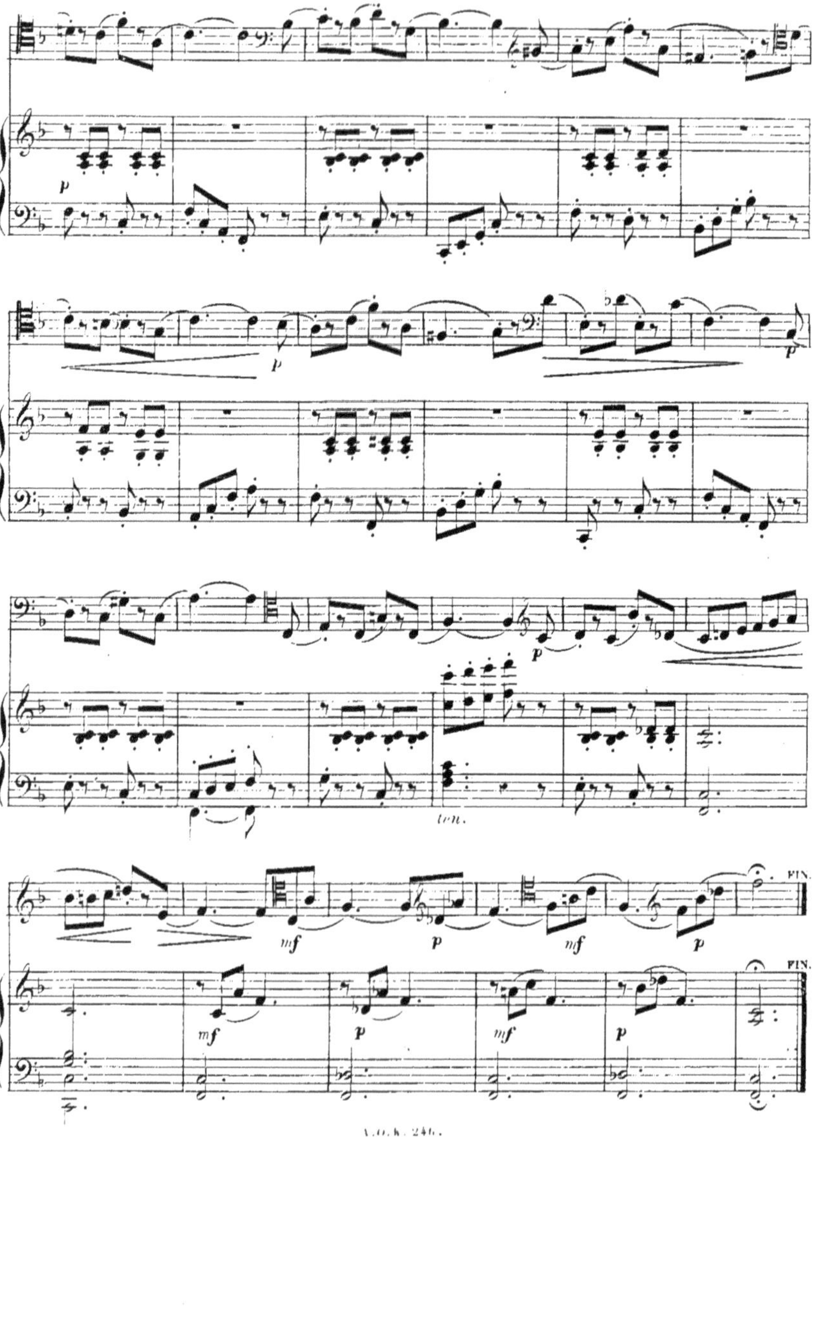

LEÇON SUR 4 CLÉS.

Sol 2de Fa 4e Ut 4e et Ut 1re.

SOL
SOL
SOL
SOL

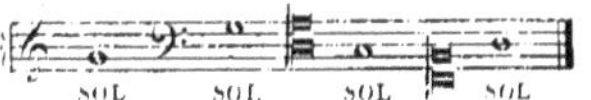

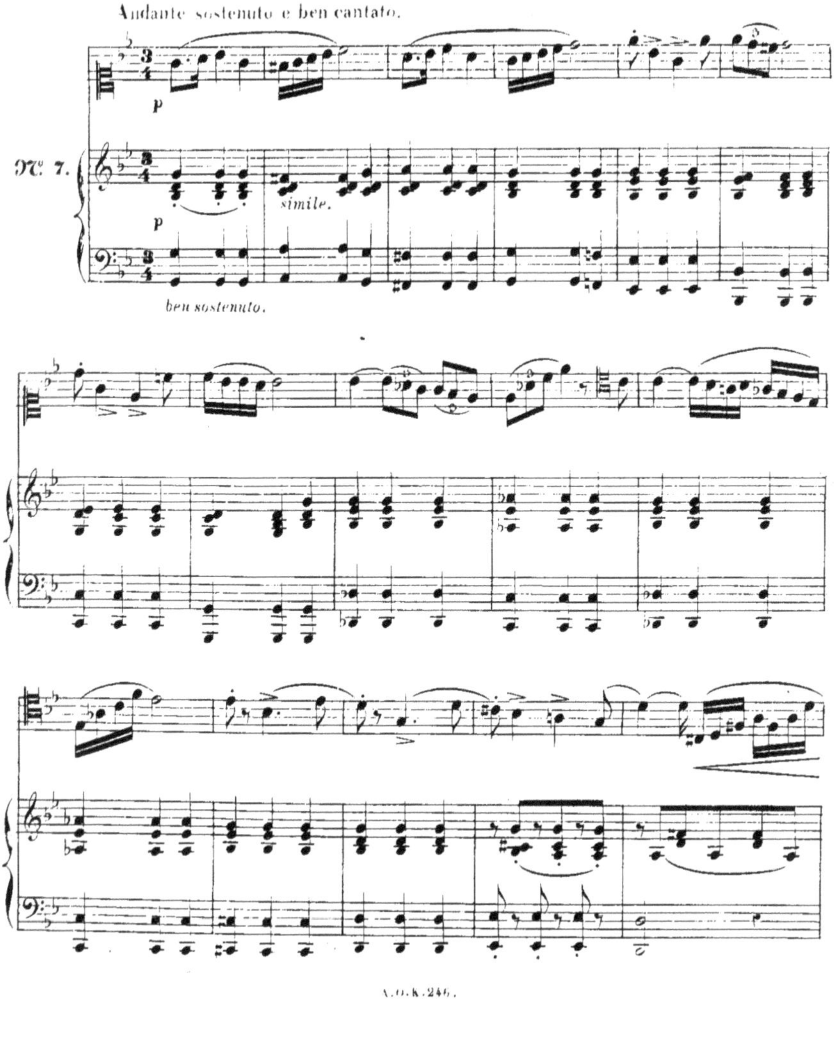

Andante sostenuto e ben cantato.
p
Nº 7.
p
simile.
ben sostenuto.

rall.
Allegretto.
p leggiero e con eleganza.
p leggiero.
sf
sf

poco rit.
Coda. poco più animato.
a Tempo.
sfp
cres_cendo poco a poco.
FIN.
FIN.

14 LEÇONS SUR LES 5 CLÉS

imposées pour le Programme des Examens et des Concours des Elèves chanteurs au Conservatoire de Paris.

Clés de Sol 2de, Fa 4e, Ut 1re, Ut 3e et Ut 4e.

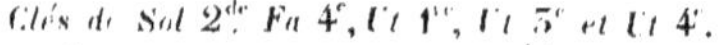

PASTORALE.

Tempo di Pastorale.

Nº 8.

p

p

mf

p
cresc.
poco
a
poco
f
p
p
mf
mf

p
tr
p
sf
sf
sf
FIN.
FIN.

VALSE.

Tempo di Valza.
Nº 9.
p
cresc.
poco
a
poco.
fp
f
p dolce grazioso.
pp
louré.

p

p

p

p cresc. poco a poco

fp

f

FIN.

FIN.

Andante con moto.
N° 10.
p e ben cantato.
p e ben sostenuto.
poco rit
p
a Tempo cresc
poco
a
poco
pp
suavez.
a Tempo.
poco rit.
calmato.
ben cantato.
ritardando al fine.
p perdendosi poco a poco
ppp
pp
FIN.
FIN.

Allegretto.
p
grazioso.
Nº 11.
p
mf
mf
mf
p
p
mf
p
p

risoluto.
rall.
a Tempo.
f
mf
p
m.d.
Estinguendo.
poco
a
poco.
FIN.

Allegro maestoso.
mf
Nº 12.
p
con grazia.
p
p
religioso.

cresc.
ed affretando.
poco
pp
a
poco
rall. assai.
1° Tempo.
p e con eleganza.
sf
suivez.
p
p
rall.
apiacere.
ten
suivez.
1° Tempo.
con duolo.
rall. assai.
FIN.
mf
p
mf
p
suivez.
FIN.

Allegretto ma non troppo.

Allegro. Maggiore.

Allegro risoluto.
mf
Nº 14.

a Tempo.
sf
sf

con espressione.
mf
mf
p
p
suivez la voix.
ritenuto assai e morendo.
Allargando.
molto.
FIN.
FIN.
pp
sf
sf

Andante sostenuto.

Nº 15.

p

p

p cresc.

cresc

p

f

pp

pp

mf p

Allegretto ma non troppo.
p leggiero.
p e con grazia.
sf
sf
p cresc.
poco
a
poco
f
Più lento.
pp
pp
vivo.
f et sec.
FIN.
FIN.

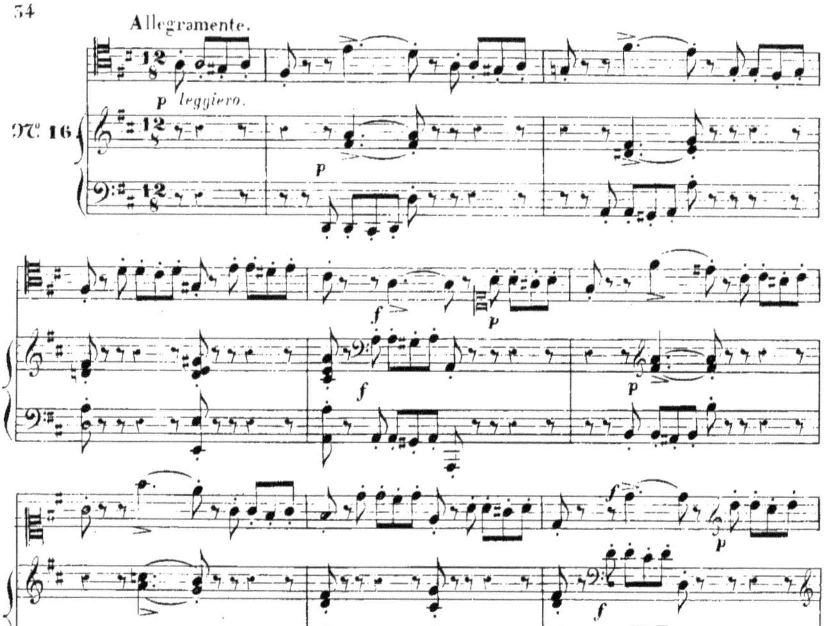

Allegramente.

Nº 16

p leggiero.

p

f

p

f

p

p

mf

mf

cresc.
poco
poco
a
poco
(lunga pausa.)
a Tempo.
suivez la voix.

Andante.
p
f et sec.
p
sostenuto e ben espressivo.
Reprenez le 1er mouv!
p
p
p
cresc.
poco
a
poco
(lunga pausa)
a Tempo.
f
suivez la voix.
f
f et sec.
f et sec.
FIN.
FIN.

Moderato.

N° 17.

a Tempo.
sf
sf
sf
sf
sf
sf
sf
poco più lento.
p
p
6

a Tempo.
a Tempo.
reprenez le 1.er mouv.t
rall.
rall.
sf
FIN.
FIN.

Allegro agitato.
Nº 18.
Il basso legato e ben sostenuto.
poco rit.
a Tempo.
p
cresc.

poco a poco. dim.
p cresc. poco a poco. dim.
p cresc.
poco
a
poco
poco
stringendo.
f Tenuto.

Allegretto ma non troppo.

Allegretto e con grazia.
Nº 19.
p
pp
mf
p
cresc.
poco
a
poco
f
sf

p con eleganza.
p
cresc. e stringendo.
poco a poco. calmato diminuendo.

poco
a
poco.
Tempo 1º
p
suivez la voix.
pp
mf
p
mf
f
FIN.
FIN.

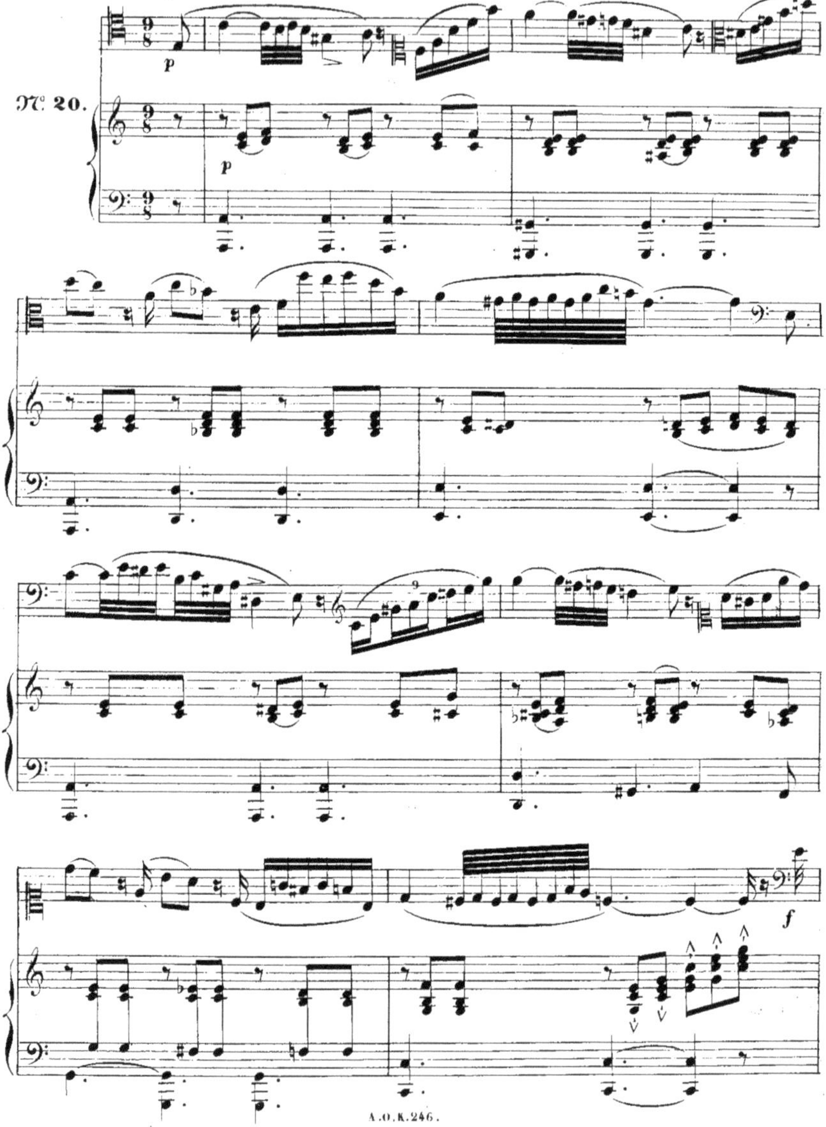

Larghetto ben sostenuto.

Nº 20.

energico.

poco rit. *allargando molto.*

suivez la voix.

Allegretto ma non troppo.

Maggiore. **p** *con eleganza.* *poco rit.*

pp *leggiero.* *suivez la voix.*

in Tempo. *poco rit.* *in Tempo.*

suivez la voix.

poco rit.
suivez la voix.
in Tempo.
rall. assai.
in Tempo.
suivez la voix.
poco rit.
in Tempo.
suivez la voix.

Più vivo.
poco rit.
suivez la voix.
Tutto staccato
mf
p
mf
rit. assai.
f
in Tempo.
mf
p
mf
rall.
p
FIN.
suivez la voix.
f
FIN.

Allegretto leggiero.

Nº 21.

suivez la voix.

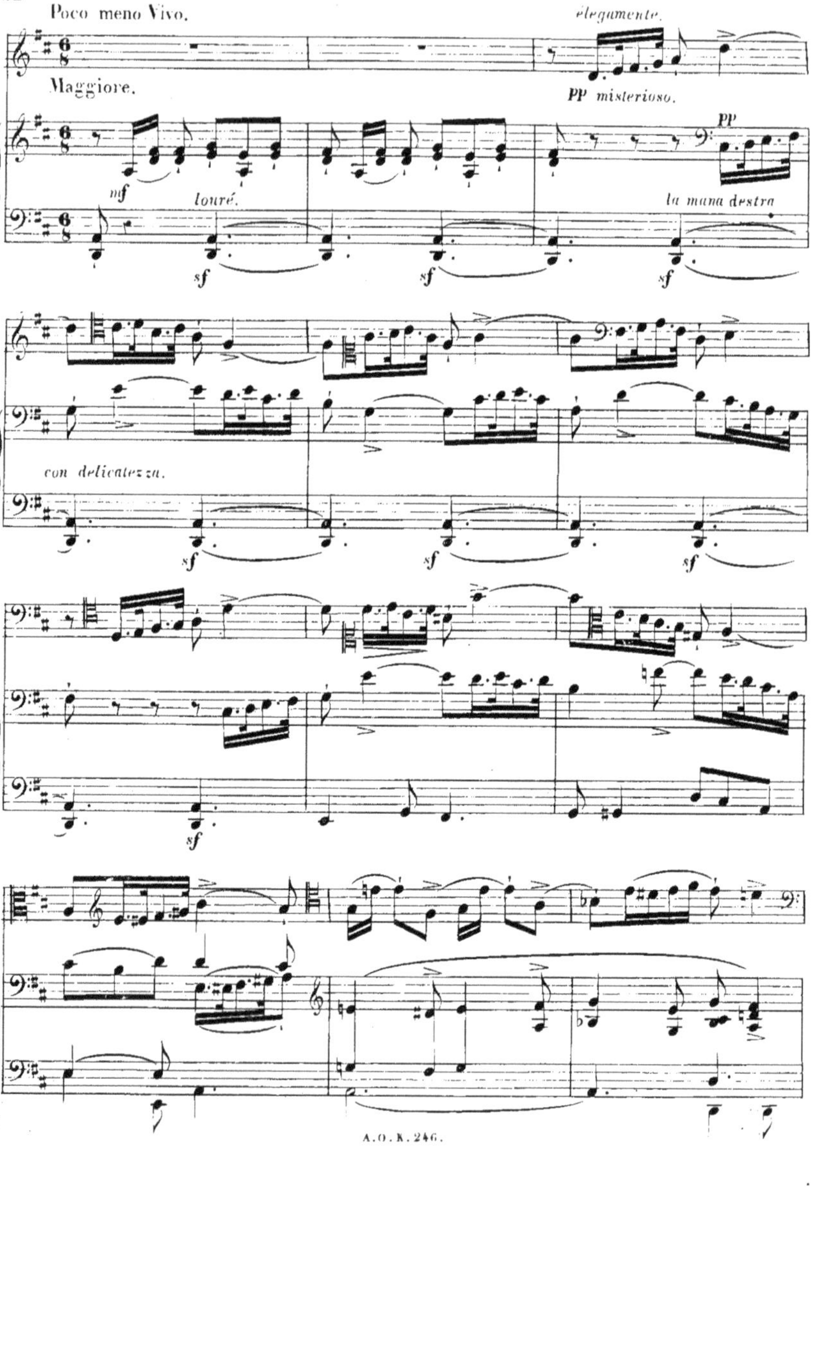
Poco meno Vivo.
elegamente.
Maggiore.
pp misterioso.
pp
mf
louré.
la mana destra
sf
sf
sf
con delicatezza.
sf
sf
sf
sf

con grazia e con abandonno.
molto espressivo.
ben cantato.
calando.
Andante religioso.
p
pp e tutto legato.
allargando.
risoluto.
ff
FIN.
ff
FIN.

LEÇON SUR 6 CLÉS.

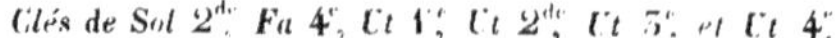

Clés de Sol 2de, Fa 4e, Ut 1re, Ut 2de, Ut 3e, et Ut 4e

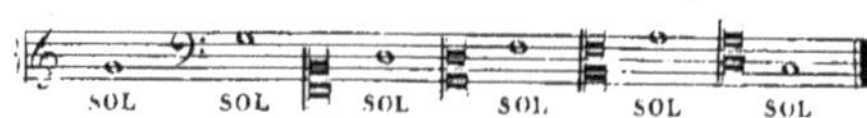

SOL
SOL
SOL
SOL
SOL
SOL

Tempo di marcia.
bien rhythmé.

RONDE DE NUIT.

Nº 22.

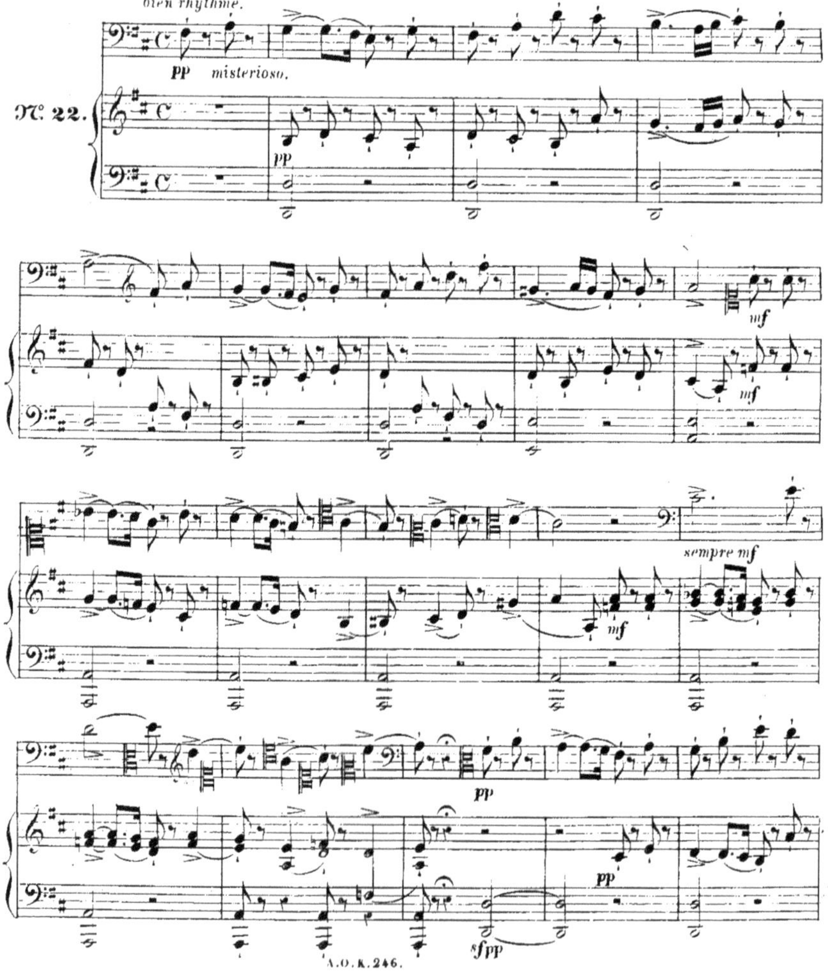
pp
misterioso.
pp
mf
mf
mf
sempre mf
pp
pp
sfpp

mf
mf
p
mf
mf
p
p
p
diminuendo
poco
pp a
poco.
ppp
FIN
FIN

14 LEÇONS SUR LES 7 CLÉS

imposées pour le Programme des Examens et des Concours des Elèves Instrumentistes au Conservatoire de Paris.

Clés de Sol 2de, Ut 1re, Ut 2de, Ut 3e, Ut 4e, Fa 3e, et Fa 4e.

Allegro risoluto.

Nº 23.

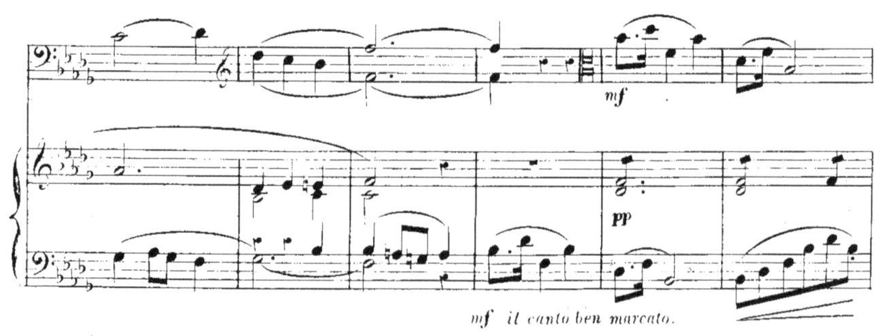

p ben cantato.
Maggiore.
mf
il canto ben marcato.
pp
p
p

p
p
cresc.
poco
a
poco.
FIN.
FIN.

Andante sostenuto ed espressivo molto.
Nº 24.
p
sf
Tempo rubato.
affretando.
poco rit.
a Tempo.
pp
sempre portato

affretando.
poco rit.
a Tempo.
sf
fp
perdendosi poco a poco.
FIN.
armonioso.
una corda.

Sostenuto ma un poco agitato.

Nº 25.

ben cantato.
p

p
e
cresendo
poco
a
poco
f

rall. molto.
p
suivez.
a Tempo.
p

Andante sostenuto.
Nº 26.
p
Tempo rubato.
poco rit.
reprenez le 1er mouvement.
ben cantato.

Tempo di Bolero.
p
p leggiero.
sf
f
con grazia.
8
p cresc. poco a poco.

a Tempo
con grazia.
cresc.
poco
a
poco.

p cresc.
poco
a
poco.
decrescendo
poco
a
poco.
mf
mf
mf
allargando molto.
p crescendo assai.
FIN.
p
p
crescendo assai.
f
f
FIN.

MARCHE FUNÈBRE.

sf

f *f* *f*

tremolando.

p *f* *p* *f* *p*

f *pp* *crescendo poco a poco.* *f* *pp*

f *pp* *pp*

f *pp*

tremolando.

sf
sf
sf
sf
sf
sf
sf
sf
sf
sf p
p ben cantato
p
p
sf p

sf
sf
sf
pp
crescendo
f
sf
pp
pp
poco
a
poco.
f
f
f

pp misterioso.
sf
sf
pp
sf
sf
sf
sf
ppp
plaintivo.
sf
sf
sf
sf
sf
morendo ed allargando.
FIN.
sf
sf
FIN.

SICILIENNE.

sf
p
sf
p
sf
p
f
p
pp
FIN.
FIN.

LEÇON POUR L'ÉTUDE DES MESURES à: $\frac{2}{4}$ $\frac{3}{4}$ et $\frac{4}{4}$

se succédant d'abord dans ce même ordre numérique, puis employées plus tard avec la progression renversée: $\frac{4}{4}$ $\frac{3}{4}$ $\frac{2}{4}$.

Progression inverse: 4/4 3/4 2/4.

Retour à la 1.re progression:
2/4 3/4 et 4/4.
FIN.
FIN.

MENUET SYMPHONIQUE.

mf
p
f
p
p
f
f
p
f et
sec.
p
crescendo
poco
a
poco.
f et
cresc.
poco
a
poco.
f et
sec.
ten.
f et

sec
sec
Risoluto.
FIN.
FIN.

Larghetto.

ben sostenuto ed espressivo.

Nº 31.

p *cresc.*

rall. *suivez.*

a Tempo. *un poco più mosso.*

mf

p

affrettando.
sf
rall. assai.
a Tempo
p
p
poco rall.
a Tempo.
suivez.

poco rall. con grazia.
fp
suivez.
a Tempo. poco stringendo.
rall. assai.
a Tempo.
suivez.
rall. assai.
FIN.
suivez.
FIN.

Andante sostenuto.

bien rhythmé.

Nº 32.

mf

più stretto.

Reprenez le 1r mouvement.
ben cantato.
Allegretto ma non troppo. dolce grazioso.
louré.
mf
p
sf
sfp
8
con eleganza.

FIN.

Recitativo.
p
Nº 33.
p
lunga pausa. a Tempo.
p
precipitato.
stringendo.
Largamente.
f
stringendo.
f
f
Lento.
pp
pp
pp
rall. a piacere.
f
ben martellato.
suivez.
Allegro moderato.
p
sf
p
sf
p
con leggierezza.
p
p
sf
p
sf

rit assai.

a piacere.

suivez.

Più lento e molto espressivo.

pp

f

a piacere. vibrato.

suivez.

a Tempo.
Tempo rubato.
p
poco rit.
a Tempo. calmato.
pp
f
suivez.
Recitativo.
fpp
tremolando.

p
crescendo.
mesuré.
poco
a
poco.
f
grandioso.
f
delirante.
Recitativo.
p
crescendo.
p
tremolando.
mesuré.
poco
a
poco.
f
delirante.
f

Recitativo.
p crescendo. poco a poco f
p tremolando.
mesuré.
con leggierezza.
lunga pausa
a Tempo.
p
sf
sf
p
crescendo. poco a poco f
risoluto.
f
f et sec.
FIN

ANDANTE CON VARIAZIONI.

rall.
Più animato.
2e Var.
Il canto
ben marcato.

rall.

3e Var. *Ancora più mosso.*

rall.
CODA. Reprenez le mouv.t du commencement.
m.d.
FIN.
FIN.

Andante sostenuto.
Nº 35.
p
sf
f

sf
Recitativo.
(lungo pauso) Tempo rubato.
p crescendo

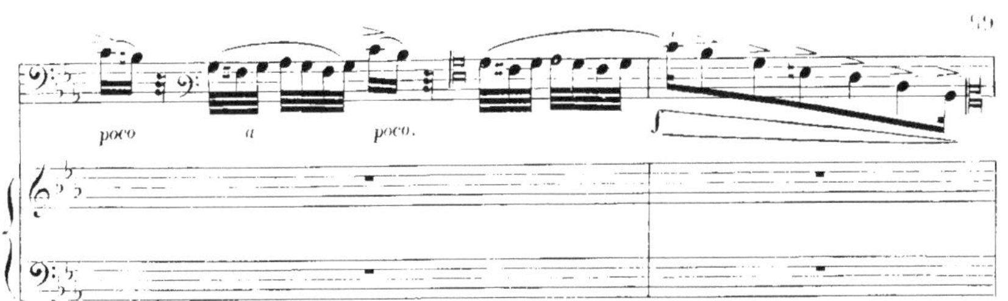

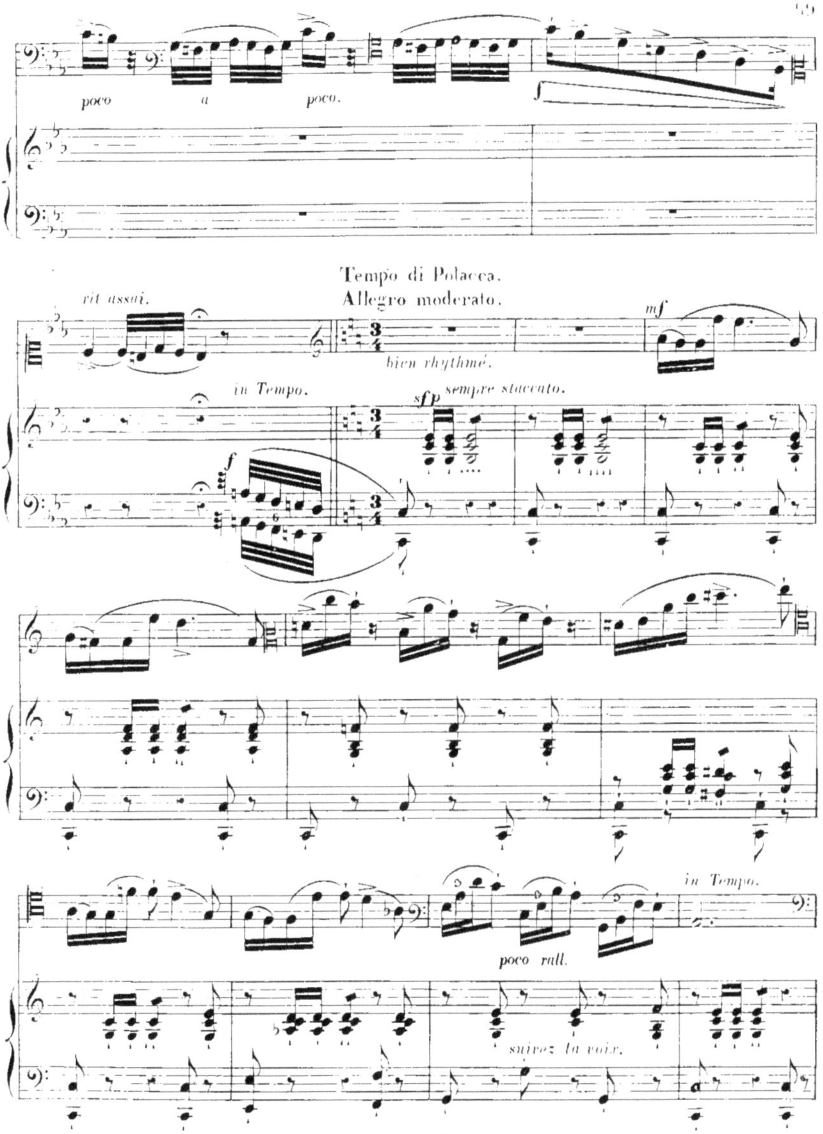
poco
a
poco.
rit. assai.
Tempo di Polacca.
Allegro moderato.
bien rhythmé.
mf
in Tempo.
sfp
sempre staccato.
f
poco rall.
in Tempo.
suivez la voix.

poco rall.
suivez.
p

con eleganza.
poco rit.
f
p
suivez.
in Tempo.
mf
p
mf
p
f
rall. assai.
mf
p
mf
p
FIN.
FIN.

FUGUE EN STYLE LIBRE AVEC INTRODUCTION

Sur le Choral de Luther:

C'est un rempart que notre Dieu:
Si l'on nous fait injure,
Son bras puissant nous tiendra lieu
Et de fort et d'armure.
L'ennemi contre nous
Redouble de courroux:
Vaine colère!
Que pourrait l'Adversaire?
L'Eternel détourne ses coups.

Andante religioso.
Reprenez le mouvt du commencement.
Maggiore.

mf
mf
mf
Risoluto.

8
poco più lento.
mf
ff
p
p

mf
ff
mf
p
p
p
mf
f
p
p

mf
f
f
mf
mf
mf
f
mf
p
pp

pp
pp
mf

pp
mf
crescendo
poco
a
poco
sempre
più
Allargando.
cres
cen
do.
f

 Stretto. *a Tempo.*

pp
crescendo
poco a poco
pp
cresc.
sempre
più
crescendo
ff
f
ff
p
il basso p
p
la mana destra sempre
f
p
p

crescendo

p
sf
p
pp
cres - - - - - cen - - do
pp
poco a poco
sempre più cres - cen - do
f All?

Allº vivace.
pp
cresc.
poco a poco
f
vivace.
pp
cresc.
poco a poco.
f
Andante religioso.
ff
p e tutto legato.
ff
p e tutto legato.
Allº vivace.
pp
cresc.
poco a poco
pp
pp
cresc.
poco a poco
f
Andante religioso.
ff
ff
f

All° vivace.
Andante religioso.
All° vivace.
FIN.
FIN.

www.ingramcontent.com/pod-product-compliance
Ingram Content Group UK Ltd.
Pitfield, Milton Keynes, MK11 3LW, UK
UKHW020921180726
13838UKWH00002B/676

9 782329 376561